# CHOIX

## DE

# CHANSONS,

A commencer de celles du Comte de Champagne, Roi de Navarre, jusque & compris celles de quelques Poëtes vivans.

## DÉDIÉ

*A Madame la Comtesse de la Guiche.*

# A PARIS.

## M. DCC. LV.

# A MADAME
## LA COMTESSE
# DE LA GUICHE.
### *ENVOI.*

QUand les Anacreon, les Ovide ont décrit
Des plus beaux yeux la puiſſance ſuprême,
   Et certain charme dans l'eſprit,
   Qui pare encor la beauté même :
Quand on peignit ſi bien cet Amour qui ſourit,
En couronnant de fleurs la Jeuneſſe & l'Aurore,
Et ces Nimphes danſant dans le Temple de Flore :
L'art même qui formoit ces tableaux enchanteurs,
Crut que la verité n'y pourroit pas atteindre :
Quelle erreur ! l'art ne fit qu'aſſembler les couleurs
   Qui devoient ſervir à vous peindre.

# OBSERVATIONS

## DES

## EDITEURS

*Sur l'origine des Chanſons Françoiſes, & ſur le choix de celles qui forment ce Recueil.*

A Éxaminer dans ſes différens genres l'eſpèce d'Ode, qui dans notre langue eſt appellée Chanſon, il eſt plus aiſé d'en découvrir l'origine dans les motifs qui ont pu inſpirer nos premiers Poëtes, que dans les recherches des Hiſtoriens de la Poëſie Françoiſe.

Si l'on en croit un * Écrivain eſtimé, nos premières Chanſons furent compoſées ſous le règne de Charles I, & contre un jeune homme qu'on appella Flore, parce qu'il menoit une vie lâche & effeminée.

* L'Abbé de Vertot.

Soit nouveauté, foit difpofition favorable des efprits, ce genre de Chanfon profpéra, & alla fi loin, que pour en arrêter le cours, Yves, Evêque de Chartres, réclama l'autorité du Pape Urbain II.

Mais ce règne des Chanfons fatyriques prouve-t-il que ce foit là nos premières Chanfons ? Si l'on confidère les divers motifs qui nous portent à exprimer nos fentimens, à peindre nos idées, de manière que nous puiffions les chanter ; on peut croire que des inclinations plus douces ont fait inventer un Art fi agréable.

Ne pourroit-on pas naturellement attribuer à cet Art une origine du genre de celle que donne à la Sculpture, une des Epitres en vers de M. de Fontenelle. » La fille de Dibutade, au moment de » fe féparer de fon amant, imagine un » moyen de conferver en quelque forte » fa préfence, quand il fera abfent. Elle » trace fur la muraille l'ombre de Pole-

» mon , qu'elle voyoit formée à la lu-
» mière d'une lampe : ombre par laquelle
» son amant étoit assés bien représenté ,
» sur-tout aux yeux d'une amante. *

Qu'on s'en rapporte à ceux de nos
Poëtes, qui ont le mieux réussi dans ce
genre de Poësie ; le penchant au plaisir,
les objets qui réveillent des idées agréa-
bles, le commerce des personnes aimables ; enfin l'amour , l'amitié , le desir de
plaire ; voilà les sources de toutes les
Chansons dignes d'entrer dans les amu-
semens de la société.

Les Chansons que renferme ce Recueil
sont divisées en trois parties. La première
est prise dans nos anciens Poëtes. La seconde contient des Chansons composées
dans le goût des anciens Poëtes , mais
par des Auteurs de nos jours , & plus
rapprochées de notre langage. Dans la
troisième, ce sont des Chansons du siècle
précédent & de celui-ci.

* Cette invention donna l'idée de tailler une Pierre
en forme humaine.

En tout on s'eſt attaché à n'admettre que des paroles aſſés heureuſement compoſées, pour pouvoir plaire dans la ſimple lecture. Les noms des Auteurs, quelques Anecdotes, & quelques Poëſies miſes en notes, ſerviront encore à rendre ce Recueil plus digne de curioſité, quoiqu'il ne s'y trouve ni ſatyres ni vers licencieux.

# TABLE

*Des Poëtes anciens employés dans ce Recueil.*

# CHANSON

Du Comte de Champagne,
Roi de Navarre.

**L**As ! ſi j'avois pouvoir d'oublier
Sa beauté & ſes beaux dits,
Et ſon très-doux regarder ;
Pourrois bien être gueris.
Mais, las ! n'en puis
Mon cœur ôter ;
Et grand affolage
M'eſt d'eſperer ;
Mais en tel ſervage,
Amors encourage
A tout endurer :
Et puis comment oublier

A

Sa beauté & ſes beaux dits ,
Et ſon très-doux regarder ;
Non , ne veux être gueris.

*Aſſolage*   *Folie.*
*Servage* pour *Eſclavage.*
*Amors*   *Amour.*

Cette Chanſon eſt vraiſemblablement une de celles que le Comte de Champagne compoſa pour Blanche de Caſtille , mere de S. Louis. » Il lui venoit ſouvent » en ſouvenance , dit une vieille Chronique , le doux » regard de la Reine , & ſa belle contenance ; lors en- » troit dans ſon cœur la douceur amoureuſe : mais » quand il ſe ſouvenoit qu'elle étoit de ſi bonne renom- » mée , & de ſa bonne vie, s'y ſe muoit ſa douce pen- » ſée amoureuſe en grand triſteſſe : il fit les plus belles » & mélodieuſes Chanſons qui furent onc ouies. « La Chronique ajoute que Thibaut étoit un Poëte célèbre. Il avoit pour rivaux dans ce genre de gloire , Charles d'Anjou , depuis Roi de Naples ; Henri , Duc de Bra- bant ; Raoul , Comte de Soiſſons. Tous ces grands perſonnages ſe plurent extrêmement à rimer.

# CHANSON

De Raoul, Comte
de Soiſſons.

HA ! belle Blonde,
Au corps ſi gent,
Perle du monde,
Que j'aime tant ;
D'une choſe ai bien grand deſir ;
C'eſt un doux baiſer vous tollir.
Oui, belle Blonde,
Au corps ſi gent,
Perle du monde,
Que j'aime tant ;
Si par fortune,
Courrouceriez ;
Cent fois pour une ;
Le vous rendrois voulontiers.

*A ij*

Belle Blonde,

'Au corps ſi gent,

Perle du monde,

Que j'aime tant.

*Gent*      pour   *Charmant.*
*Tollir*            *Ravir.*

'A en juger par cette Chanſon, le Comte de Soiſſons n'aimoit pas ſi déſintéreſſement que le Roi de Navarre, ou ſa Perle du monde *n'étoit pas de ſi bonne renommée* que la Reine Blanche.

# CHANSON
## Du Poëte Villon.

SUivez Beautés, courez aux Fêtes,
'Aimez, aimez tant que voudrez,
Et si n'y perdrez que vos têtes ;
'A la fin jà mieux n'en vaudrez ;
Folles Amours font les gens bêtes.
Salmon en idolatria,
Samson y perdit ses lunettes ;
Bienheureux qui rien n'y a.

*Salmon* *Salomon.*
*Idolatria* pour *Idolatra.*

François Corbuel dit Villon, étoit né à Paris, sous
le règne de Louis XI. Despreaux a dit de ce Poëte :

*Villon fut le premier dans ces siècles grossiers,*
*Débrouiller l'art confus de nos vieux Romanciers.*

Villon épuisa vraisemblablement toute sa morale dans
ses Chansons. Ce fut un très-grand fripon.

# CHANSON

## De Clement Marot.

Plus ne ſuis ce que j'ai été,
Et plus ne ſaurois jamais l'être.
Mon beau Printems & mon Eté
Ont fait le ſaut par la fenêtre.
Amour, tu as été mon maître,
Je t'ai ſervi ſur tous les Dieux :
Ah ! ſi je pouvois deux fois naître,
Combien je te ſervirois mieux.

Cette Chanſon eſt un chef-d'œuvre de naïveté : ce caractère diſtingue particulierement ce célèbre Poëte. Marot vivoit ſous le règne de François I. Il fut bleſſé & fait priſonnier à la bataille de Pavie. Les Dames de la Cour, & particulierement la Sénéchale de Normandie, Maîtreſſe du Dauphin, aimoient extrêmement les ouvrages de ce Poëte.

# CHANSON

## De Clement Marot.

DE Cupido le diadême
Eſt de roſes un cordelet,
Que Venus cueillit elle-même
Dedans ſon jardin verdelet ;
Et ſur le Printems nouvelet,
Le tranſmit à ſon cher enfant,
Qui donna pour ces roſes belles,
A ſa mere un char triomphant,
Conduit par douze Colombelles.

Cette Chanſon fait connoître que Marot ſaiſiſſoit à ſon gré divers genres de Poëſie. Anacreon eſt imité très-heureuſement dans ce tableau.

# CHANSON

## De Clement Marot.

Puisque de vous je n'ai autre visage,
Je m'envois rendre hermite en un desert,
Pour prier Dieu ; si un autre vous sert,
Qu'autant que moi en votre honneur soit
　　sage.
Adieu amour, adieu gentil corsage,
Adieu ce rire, adieu ces si beaux yeux ;
Je n'ai pas eu de vous grand avantage,
Un moins aimant aura peut-être mieux.

# CHANSON

## De Clement Marot.

Recompense vous donnerai,
Mon ami, & si menerai
A bonne fin votre esperance ;
Vivante ne vous laisserai,
Encore quand morte serai,
L'esprit en aura souvenance.

Si pour moi avez du souci,
Non pour vous n'en ai moins aussi ;
Amour le vous doit faire entendre :
Mais s'il vous fâche d'être ainsi,
Appaisez votre cœur transi ;
Tout vient à point qui peut attendre.

B

# CHANSON

## De Du Bellay.

M Ysis sur ces bords ici ;
Offre à Venus & ordonne
Ce myrthe, & lui donne aussi
Ses tropeaux & sa personne.

| Ordonne | | Soumet. |
| Tropeaux | pour | Troupeaux. |

Du Bellay, sieur de Liré, étoit Chanoine de l'Eglise
de Paris. Il fut nommé à l'Archevéché de Bordeaux,
par la démission du Cardinal Du Bellay son oncle. Il
mourut en 1559. On l'avoit surnommé le Catulle François. Il y a dans ses Poësies de la douceur, & un mérite
plus rare encore, de la naïveté.

# CHANSON
## De Ronfart.

Mignone, allons voir si la Rose,
Qui ce matin avoit déclose
Sa robe de pourpre au Soleil ;
N'a point perdu cette vêprée
Les plis de sa robe pourprée ;
Et son tein au vôtre pareil.

Las ! voyez comme en peu d'espace ;
Mignone, elle a dessus la place,
Ses douces beautés laissé choir.
O vraiment marâtre nature,
Puisqu'une telle fleur ne dure
Que du matin jusques au soir.

B ij

Donc ſi vous m'en croyez, Mignone,
Tandis que votre âge fleurone,
En ſa plus verte nouveauté,
Cueillez, cueillez votre jeuneſſe;
Comme cette fleur, la vieilleſſe
Fera ternir votre beauté.

*Vêprée* pour *Soirée.*

Ce peu de durée des Roſes, tant de fois cité par les Poëtes, fait ſouvenir d'un trait philoſophique de M. de Fontenelle. Deux de ces fleurs fâchées de ce qu'elles vivent ſi peu, admirent la condition de l'homme qui les cultive. *De mémoire de Roſes*, dit l'une, *on n'a point vû mourir de Jardinier.*

Ronſart avoit été élevé Page du Dauphin, fils aîné de François I. Ce qui, outre la beauté de ſes Poëſies, a contribué beaucoup à l'illuſtrer, c'eſt qu'il étoit beau, bien fait, qu'il avoit les paſſions vives, & qu'il chantoit à merveille. Qu'on imagine dans un même perſonnage Chapelle, M. de R... & Thevenard, on concevra aiſément quels immenſes ſuccès Ronſart eut chez les Belles.

On parloit dernierement de cet aſſemblage à une femme vertueuſe & d'un caractère vrai. Si tout cela, lui diſoit-on, éxiſtoit bien empreſſé, bien amoureux de vous, & bien conſtamment, pourriez-vous réſiſter ? Elle rêva un petit moment ; *mais nous verrions*, répondit-elle,

# CHANSON

## De Baïf.

Un tems étoit que du jour la lumière
　　Heureuſe te luiſoit,
Quand ta maîtreſſe à t'aimer coutumière
　　Avec toi deviſoit :
　　　Maîtreſſe aimée,
　　　D'ame enflammée,
　　　Autant qu'une ame
　　　D'amour s'enflamme,
Par toi à qui ſur-tout elle plaiſoit.

Lors ſe faiſoient dix mille gentilleſſes;
　　En tout heur & tout bien;
Si tu voulois des jeux de mille eſpèces;
　　Elle les vouloit bien :
　　　Lors la lumière

14

Te fut bien chère,

Alors ta vie

Te fut amie,

Quand vous viviez en un si doux lien.

*Heur* pour *Bonheur, Plaisir.*

Baïf vivoit sous Henri III. Ses Poësies & l'amitié de Ronsart le rendirent célèbre. Peut-être est-ce le premier Poëte qui a imaginé d'avoir une petite maison dans un fauxbourg de Paris. Une Académie qu'il y établit dans de certains jours, n'étoit peut-être qu'un prétexte. Tout ce qu'on en rapporte, c'est que toutes les personnes de distinction s'empresserent d'aller à ses concerts.

# CHANSON

## De Belleau.

AVril, l'honneur & des bois ;
Et des mois,
Avril, la douce esperance
De fruits, qui sous le coton
Du bouton,
Nourrissent leur jeune enfance.

✿

Avril, l'honneur des prés verds,
Jaunes pers,
Qui d'une humeur bigarrée,
Emaillent de mille fleurs,
De couleurs,
Leur parure diaprée.

✿

Avril, l'honneur des soupirs ;
Des Zéphirs,
Qui sous le vent de leur aîle ;
Dressent encore ès Forêts
De doux rets,
Pour ravir Flore la belle.

❋

Avril, c'est ta douce main,
Qui du sein
De la nature desserre
Une moisson de senteurs ;
Et de fleurs,
Embaumant l'air & la terre.

❋

Avril, l'honneur verdissant ;
Florissant,
Sur les tresses blondelettes
De ma Dame & de son sein,
Toujours plein
De mille & mille fleurettes.

❋

Avec la grace & les ris
De Cypris,
Le flair & la douce haleine,
Avril, le parfum des Dieux,
Qui des Cieux
Sentent l'odeur de la plaine.

❊

C'eſt toi courtois & gentil,
Qui d'éxil
Retire ces paſſagères,
Ces Arondelles qui vont,
Et qui ſont
Des beaux jours les meſſagères.

❊

L'Aubépine, l'Eglantin,
Et le Thym,
L'Œillet, le Lys & les Roſes,
En cette belle ſaiſon,
A foiſon
Montrent leurs robes écloſes,

❊

C

Le gentil Roſſignolet,
Doucelet,
Découpe deſſous l'ombrage,
Mille fredons gaſouillans,
Et brillans,
Au doux chant de ſon ramage.

❋

C'eſt à ton heureux retour,
Que l'Amour
Souffle à doucettes haleines,
Un feu diſcret & couvert,
Que l'hiver
Receloit dedans nos veines.

❋

Viens, Amour, donne ta voix
A ce mois,
Qui prend le ſurnom de celle,
Qui de l'écumeuſe mer,
Vit former
Sa beauté toujours nouvelle.

❋

Remi Belleau étoit né à Nogent-le-Rotrou. Ron-
fart l'appelloit le Poëte de la nature ; & Sainte-Marthe
dit de lui, que quand il falloit exprimer naïvement les
chofes, il le faifoit de fi bonne grace & avec tant d'a-
dreffe, qu'il fembloit être une vivante peinture des
chofes qu'il vouloit écrire.

Une perfonne de beaucoup d'efprit, & que le profond refpeƈt qui lui eft dû nous empêche de défigner
plus clairement, peignoit récemment avec plus de
graces encore & de précifion, la manière d'exprimer
naturelle à un de nos célèbres Aƈteurs. *Il femble,*
difoit-elle, *qu'il dit toujours vrai.*

# CHANSON

## De Des Portes.

O Bienheureux qui peut paſſer ſa vie
Entre les ſiens francs de haine & d'envie;
Parmi les champs, les forêts & les boïs,
Loin du tumulte & du bruit populaire;
Et qui ne vend ſa liberté, pour plaire
Aux paſſions des Princes & des Rois.

Il n'a ſouci d'une choſe incertaine;
Il ne ſe paît d'une eſpérance vaine;
Nulle faveur ne va le décevant,
De cent fureurs il n'a l'ame embraſée;
Et ne maudit ſa jeuneſſe abuſée,
Quand il ne trouve à la fin que du vent.

L'ambition son courage n'attise ;
D'un fard trompeur son ame il ne déguise ;
Il ne se plaît à violer sa foi,
Des grands Seigneurs l'oreille il n'impor-
    tune ;
Mais en vivant content de sa fortune ,
Il est sa cour , sa faveur & son roi.

Si je ne loge en ces maisons dorées ,
Au front superbe , aux voûtes peinturées ,
D'azur , d'émail , & de mille couleurs ,
Mon œil se plaît des trésors de la plaine ,
Riche d'œillet , de lys , de marjolaine ,
Et du beau thym des printanières fleurs.

Ainsi vivant , rien n'est qui ne m'agrée.
J'ai des oiseaux la musique sacrée ,
Quand au matin ils benissent les Cieux ;
Et le doux son des bruyantes fontaines ,
Qui vont coulant de ces roches hautaines ,
Pour arrouser nos prés délicieux.

Douces Brebis, mes fidelles compagnes;

Vergers, buiſſons, forêts, prés & monta-
gnes,

Soyez témoins de mon contentement;

Et vous, ô Dieux, faites, je vous ſupplie;

Que ce pendant que durera ma vie,

Je ne connoiſſe un autre changement.

**Des Portes**, Abbé de Tyron, vivoit ſous Henri III, qu'il accompagna en Pologne. Son épitaphe ſe lit encore dans la Place près de Saint Etienne du mont à Paris. On voit ce Poëte repreſenté dans la barque de Caron; des Anges aident aux manœuvres du vieux Nocher. L'épitaphe eſt un mélange de traits de la Fable & de citations de l'Ecriture. Cet aſſemblage ſi indécent ne le paroiſſoit pas alors; tant la Poëſie donnoit de relief & de liberté aux Ouvrages où elle entroit.

# CHANSON

## De Des Portes.

O Sommeil, doux repos des travaux ordi-
naires,
Charmant par ta douceur les penſers ennemis,
Charme ces yeux d'Argus qui me ſont ſi con-
traires,
Et retardent mon bien, faute d'être endormis.

Je voudrois être Roi, pour faire une ordon-
nance,
Que chacun dût la nuit au logis ſe tenir;
Sans plus les amoureux d'aller auroient licence;
Si quelqu'autre ſortoit, ſi le ferois punir.

# CHANSON

## De Pafferat.

Viens, Belle, viens te pourmener
　　Dans ce bocage,
Entends les oifeaux jargonner
　　De leur ramage ;
Mais écoute comme fur tous,
Le Roffignol eft le plus doux,
　　Sans qu'il fe laffe ;
Oublions tout deuil, tout ennui,
Pour nous réjouir comme lui ;
　　Le temps fe paffe.

Laiffons, laiffons regret & pleur
　　A la vieilleffe ;
Jeunes, il faut cueillir la fleur
　　De la jeuneffe ;

En ce tant gentil mois de Mai,
Ors que le Ciel èst le plus gai.
Aimons, Mignone,
Ne combattons point le defir;
En ce monde n'a de plaifir,
Qui ne s'en donne.

Jean Pafferat fut un des plus favans hommes de fon fiècle. Poëte très-eftimé en Poëfie françoife & latine ; & auffi célèbre du moins, par l'efprit de galanterie qui régnoit dans fon commerce. Il étoit né en 1529.

D

# CHANSON

## De Berthaud.

Quand je revis ce que j'ai tant aimé,
Peu s'en fallut que mon feu rallumé,
Ne fît l'Amour dans mon ame renaître,
Et que mon cœur autrefois son captif,
Ne ressemblât l'esclave fugitif,
A qui le sort fait rencontrer son maître.

Que de discours mon ame séduisans,
Que de pensers l'un l'autre détruisans,
Sentis-je alors agiter mon courage!
Que mon esprit de ses lacs échappé,
Se repentit de s'être détrompé!
Qu'il me déplut d'être devenu sage!

Berthaud étoit Aumônier de Catherine de Medicis, & Evêque de Séez. La Poësie a été cultivée long-tems par les personnes élevées aux plus grandes dignités. Les vers les plus tendres ne faisoient point soupçonner les mœurs du Poëte : l'usage étoit d'avoir une Iris imaginaire qu'on chantoit, à l'imitation des Poëtes de l'antiquité. Il faut avouer que la mode a bien changé ; les gens du monde sont dans l'habitude d'avoir des Iris réelles, mais ils ne sentent ni n'écrivent rien de tendre pour elles.

Un autre Poëte illustre a traité depuis Berthaud le même sujet de la Chanson qu'on vient de lire, & à laquelle le caractère de vérité & de simplicité qui y règne, donne un prix infini : on sera étonné de la différence.

## CHANSON DE DESPREAUX.

*Voici les lieux charmans où mon ame ravie*
    *Passoit à contempler Silvie,*
*Ces tranquilles momens si doucement perdus.*
*Que je l'aimois alors ! Que je la trouvois belle !*
*Mon cœur, vous soupirez au nom de l'infidelle :*
*Avez-vous oublié que vous ne l'aimez plus ?*

On conviendra que ces jours de *contemplation si dou-cement perdus*, & ce tour précieux, *mon cœur, avez-vous oublié que vous ne l'aimez plus*, sont bien loin de la manière de sentir & d'écrire de Berthaud. Ne peut-on

D ij

pas dire que ſi Deſpreaux avoit pu juger ſa Chanſon auſſi médiocre qu'elle l'eſt, il auroit deſiré que Quinault, l'immortel Quinault, l'eut faite ?

# CHANSON

## De Berthaud.

SI les pensers de mon ame
Etoient disposés d'aimer ,
Vous seriez la seule flamme
Qui me pourroit allumer.

❋

Le Ciel en vous seule assemble
Ce qui me tient enchanté ;
Et ma liberté ne tremble
Que devant votre beauté.

❋

Mais avant qu'Amour me range
Sous ses loix comme vainqueur ,
Il faut bien ou qu'il se change ,
Ou que je change de cœur.

❋

Car le mien franc & délivré
De ce qui m'a pu charmer,
Le connoît trop pour le suivre ;
Et s'aime trop pour aimer.

❀

Votre seul œil que j'honore,
Fait que mes libres esprits
N'osent s'assurer encore
De n'en être plus repris.

❀

Car j'entends comme un oracle,
Qui me dit quand je vous voi,
Que ce sera grand miracle,
Si vous me laissez à moi.

❀

Mais, Beauté, qui tout arrête,
Employez mieux vos attraits,
Une si foible conquête
N'est pas digne de vos traits.

❀

Ou ſi de telle victoire
Quelque honneur peut arriver,
Contentez-vous de la gloire
De me pouvoir captiver.

# CHANSON

## De Berthaud.

Au bord d'une fontaine,
Tircis brûlant d'amour,
Contoit ainſi ſa peine
Aux échos d'alentour :
Félicité paſſée ,
Qui ne peut revenir ,
Tourment de ma penſée ;
Que n'ai-je en te perdant perdu le ſouvenir.

Cette Chanſon entre toutes les Poëſies de Berthaud a eu un ſuccès bien diſtingué. Meſſieurs de Port-Royal dans leur commentaire ſur Job la citent comme une des meilleures qu'on ait faites.

# CHANSON

## De Berthaud.

### *DIALOGUE.*

#### DAMON.

DE quoi vous sert tant de fierté,
Belle & cruelle Panopée?

#### PANOPÉE.

De conserver ma liberté,
Et m'empêcher d'être trompée.

#### DAMON.

Il ne faut point avoir de peur;
J'aime trop le nœud qui m'engage.

#### PANOPÉE.

Il ne fut jamais de trompeur,
Qui ne tint ce même langage.

E

DAMON.

Votre beauté vous garantit
Du fort d'Ariane abufée.

PANOPÉE.

Votre jeuneffe m'avertit
De l'inconftance de Thefée.

DAMON.

Ah! fière & cruelle Beauté,
Qu'inhumaine eft votre rudeffe!

PANOPÉE.

Ce que vous nommez cruauté,
D'autres l'appelleront fageffe.

DAMON.

Eft-on fage pour maltraiter
L'amour d'un fidèle courage?

PANOPÉE.

Eft-on cruel pour éviter
Le péril de faire naufrage?

# CHANSON

## De Berthaud.

TOus les soucis humains sont pure vanité ;
D'erreur, de vain savoir toute la terre abonde :
Mais aimer constamment une rare Beauté ,
C'est la plus douce erreur des vanités du
    Monde.

Non , non , n'écartons point un si plaisant
    souci ;
Rien n'est doux sans amour dans cette vie
    humaine :
Ceux qui cessent d'aimer cessent de vivre aussi ,
Ou vivent sans plaisir comme ils vivent sans
    peine.

Cette Chanson qui a été long-tems en vogue a donné
lieu aux quatre vers suivans , qu'on attribue à la Comtesse de Murat.

*E ij*

*Pour le Prélat cette Chanfon m'allarme,*
　　*Son art â bien pu le trahir :*
*De la plus douce erreur il peint fi bien le charme....*
　　*Hélas ! quel moyen de la fuir !*

Il eft vrai que la Comteffe de Murat n'a peint le charme des paffions que fur la foi de fon expérience. Ainfi vraifemblablement ce Madrigal eft un ouvrage de fentiment, & ne prouve rien contre le Prélat.

# CHANSON

## De Davi Du Perron.

SOrtez de mon esprit, pensers pleins de
   délices,
Cher & doux entretien dont l'état est changé;
Qu'un injuste mépris convertit en supplices;
Vous m'avez trop séduit, je vous donne congé.

❋

Avec vos mots flateurs & vos feintes idoles
De constance & de foi, Déïtés sans pouvoir,
Dont le son déguisoit si souvent les paroles,
Quel amant n'eût été facile à décevoir!

❋

Me jurer que son cœur dont les flammes sont
   mortes,
Embrasé d'un beau feu soupiroit nuit & jour;

Et de myrte enchaîné de mille & mille fortes,
Brûloit avec le mien fur l'autel de l'Amour.

❋

A moi qui ne vivois que pour lui rendre hom-
　　mage,
Et n'aimois mon efprit enclin à l'adorer,
Que pour le feul refpect des traits de fon vifage,
Que l'Amour de fa main y fut fi bien tirer.

❋

Adieu. Mais qu'ai-je dit! Quelle erreur me
　　tranfporte!
Qui moi, de tes beaux yeux vouloir rompre
　　la loi!
Et brifer tant de nœuds dont la chaîne eft fi
　　forte!
Comme fi mon vouloir étoit encore à moi.

Jacques Davi Du Peron, grand Aumônier de France,
naquit fous Charles IX ; fut lecteur d'Henri III, & fut
chargé de la réconciliation d'Henri IV avec le S. Siège.
Il y avoit dans fes Poëfies une élévation naturelle, &
beaucoup de fentiment. Auffi rapporte-t-on qu'il aimoit
beaucoup la vie. Nous avons connu dans ce fiècle-ci

un parent de ce Cardinal, qui avoit hérité de toute fa fenfibilité pour les chofes d'efprit qui tiennent au fenti-ment. Nous parlons de feu l'Abbé d'Amfreville. Peu de gens ont eu un caractère auffi liant, une converfa-tion plus agréable, & plus de talent pour ce qu'on appelle conter. On peut dire encore qu'il écrivoit, on ne fauroit mieux, dans le genre épiftolaire ; & que c'étoit le meilleur lecteur de fon fiècle, profe & vers. Il avoit beaucoup contribué par fes confeils à perfec-tionner la célèbre Lecouvreur. Il a fait quelques Chan-fons aimables : voici la feule que nous ayons pu re-trouver.

> *Pour écarter l'indifférence,*
> *Il eft tant de fecrets charmans ;*
> *Faut-il que contre l'inconftance*
> *L'Amour n'ait point de Talifmans !*

# CHANSON

## De Buſſy d'Amboiſe.

OH, qu'heureuſe eſt ma fortune !
Oh, combien eſt grand mon heur !
D'être ſeul retenu d'une
Pour fidèle ſerviteur !
Par ſus toutes elle eſt vue
Pleine de grace & de beauté ;
Et ſuis ſûr qu'elle eſt pourvue
Beaucoup plus de loyauté.

Comparer eſt impoſſible
Sa grande perfection ;
Fors qu'à mon heur indicible,
Et à mon affection :
Mais tous procèdent d'elle ;
Et de moi ſeul je n'ai rien

Qu'un cœur loyal & fidèle,
Encore n'eſt-il pas mien.

O vous qui ne l'avez vue,
Voyez-la pour votre bien ;
Puis jugez, l'ayant connue,
L'heur que ce m'eſt d'être ſien :
Mais la voyant ſi parfaite,
Gardez-vous bien un chacun :
Car pour bleſſer elle eſt faite,
Et de tous n'en guérit qu'un.

| | | |
|---|---|---|
| *Heur* | | *Bonheur.* |
| *Par ſus* | pour | *Par deſſus.* |
| *Fors* | | *Hors.* |
| *Indicible* | | *Inexprimable.* |

# TABLE

*Des Chansons contenues dans la*
*Première Partie.*

# CHOIX

## DE

# CHANSONS

## DÉDIÉ

## A Madame

## La Comtesse

# DE LA GUICHE

## PREMIÈRE PARTIE

Gravé par De Gland
*Ayde Major des Gardes
de la Ville.*

## M.DCC.LVI.

I.P.

2.
PREMIERE PARTIE,
Premier Air.
Las! si j'avois pouvoir d'oublier, Sa beauté, Sa beau té, Et ses
beaux dits, Et son tres doux, tres doux regarder, Pourois bien ê-tre gué-ris:
Mais las! n'en puis mon cœur o-
ter, Et grand af-fo-la-ge, m'est
des pe rer, Mais dans tel ser-va-ge,

Amors en cou=ra=ge, a tout en du=
=rer ; Et puis comment! comment
oubli = er Sa beauté ,Sa beauté,
et ses beaux dits, Et son tres doux tres
doux re=gar = der ; Non ne veux
ê = tre gue = =ris

I.P.

# IIᵉ Air.

Ha! belle Blonde, Au corps si
gent, Perle du Monde, Que j'ai =me
tant. D'une chose ai bien grand dé =
=sir; C'est un doux baiser vous tol =
=lir; Ouy bel le Blon=de, Au
corps si gent! Per=le du Monde,
Que j'ai = me tant: Si par for =

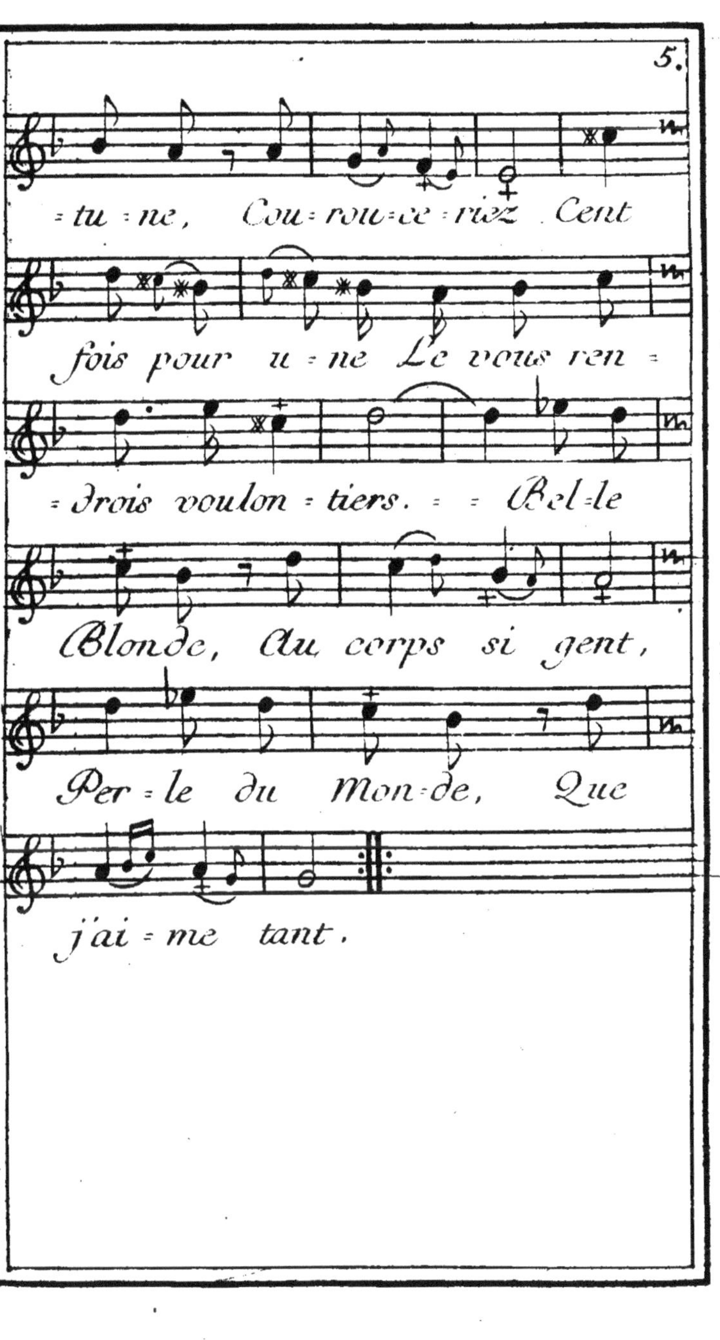
=tu=ne, Cou=rou=ce=riez Cent
fois pour u=ne Le vous ren=
=Drois voulon=tiers. = = Bel=le
Blonde, Au corps si gent,
Per=le du Mon=de, Que
j'ai=me tant.

# III.ᵉ Air.

Suivez beau=tez , courez aux
fê=tes, Ai==mez, Aimez
tant que vou=drez : Et
si n'y per=drez que vos
tê==tes, En la fin ja
mieux n'en vau=drez : A=
=mours fol==les amours

font les gens bê=tes Salmon en
i==do=la==tri==a; Sam=
=son en per=dit ses lu=
=net==tes Bien=heu=reux
est qui rien n'y
a.

# IVᵉ Air.

Plus ne suis ce que j'ai é=
=té, Et plus ne sçau=rois
ja mais l'ê = = = = tre;
Mon beau Prin = tems, et
mon E = = té, Ont fait le
saut, Ont fait le saut par
la fe = nê = = tre: tre. A=

=mour tu as ê=té mon
maî=tre, Je t'ai ser=vi
sur tous les Dieux; Ah!
= = si je pou=vois deux fois
naî=tre, Ah! combien A=mour, je
te ser=vi=rois mieux. mieux.

I.P.

# Vᵉ Air.

Vᵉ Air.
:f:
De Cu pi =do le Di = a =
= dê me, Est de Ro =ses
un Cor de =let, Que Ve =nus
cueil =lit El = =le mê=me, De =
=dans son jar din Ver=de=
fin
= let: Et sur le Prin =
= tems nou = ve =let le trans =

Le Commencement jusqu'au mot Fin.

I.P.

# VIᵉ Air.

Puis=que de vous je n'ai
au=tre vi=sa=ge, je men vois
ren=dre her=mi=te en un dé=sert
pour pri=er Dieu si un
au=tre vous sert,
qu'autant que moi en vo=
=tre hon neur soit Sa=ge.

A = dieu A = = mour
a = dieu gentil cor = sa = ge,
A = dieu ce ri = re a = dieu
ces si beaux yeux, Ie n'ai pas
eu de vous grand a van = ta = ge,
Vn moins ai = mant au = ra
peut ê = tre mieux a =
= dieu.

# VIIᵉ Air.

Ré=com=pen=se vous
don=ne=rai, Mon A=mi et
Si me=ne=rai a bon=ne
fin Votre Es=pe=ran==ce.
=ce. Vi van=te ne vous
lais=se=rai. En=co=
=re quand morte se=rai, l'Es=

= prit en au = ra sou = ve =
= nan = = ce. ce.
VIII.e Air.
My = sis Sur ces bords j = oy.
A Ve = nus offre et or = don = ne,
Ce Myrte et lui donne aussi, Ses trou =
= peaux Et sa per = son = ne.

IX.e
Air.
Mignone allons voir si la
Ro=se, Qui ce ma=tin a=voit dé=
=clo=se, Sa ro=be de pourpre au so=
leil, N'a point per=du cet=te Vê=
=pré=e, Les plis de sa ro=
=be pour=pré==e, Et son
tein au vo=tre pa=reil.

Xe.
Air.
Un tems é=toit que du
Quand ta Maitresse a t'ai=
jour la lu=mi=ere heu=reu=
=mer cou=tu=mi=ere a=vec
=se te lui=soit:
toy de=vi=soit:
Maitresse ai=
=mé e, d'â=me en fla=mé=e
au tant qu'une âme, d'Amour s'en=
=flâ=me, Par toy a qui sur tout
El=le plai=soit.

18.
XI.e
Air.
A-vril l'honneur et des
bois, Et des mois, Avril la dou =
=ce es pé=ran=ce, De fruits qui sous
le Cot=ton, du bou=ton, Nou ris=
=sent leur jeune En=fan=ce.
XII.
Air.
O bien heu = reux qui
peut pas=ser la vi = e,
En=tre les siens franc de hai =

=ne et d'en vi = = e, Par my les
chants, Les fo = rets et les
bois, Loin du tu = mul = te et
du bruit po = = = pu = lai =
= re, Et qui ne vend sa
li = ber = té pour plai = re,
aux pas = si = = = ons des
Prin = ces et des Rois.

I.P.

20.
XIII.e
Air.
O Som-meil doux re-
=pos des travaux or=di=naires,
Charmant par ta dou=ceur les
pensers en=ne=mis; Charme ces
yeux d'Ar gus qui me sont si con=
=traires, Et re=tar=dent mon bien
fau=te d'es=tre en=dor=mis.

Naivement et mesuré.
XIV.e
Air.
Viens belle viens te prome=ner
En tend les Oiseaux jargon=ner
dans ce bo=ca=ge,
de leur ra=ma=ge; Mais é=cou=
=te com=me sur tous, Le Ros=si=
=gnol est le plus doux, Sans qu'il se
las==se, Ou=bli=ons tout d'eüil
tout en=nui, pour nous ré=jou=ir
comme lui; Le tems se pas=se.

# XVᵉ Air.

Naïvement et mesuré
Quand je re = vis ce que j'ay
tant ai = = mé, Peu s'en fal =
= lut que mon feu ral = lu =
= mé, Ne fit l'A = mour dans
mon â = = me re = naî = = tre,
Et que mon coeur au =
= tre fois son Cap = tif ne

res = sem = blût l'Escla = ve fu-gi =
tif, A qui le sort fait ren con =
= trer son Maî = = tre.

## XVIᵉ Air.

Si les pen = sers de mon a me
Etoient dis po ses d'aa = mer, Vous se =
= riés la seu = le flâ me Qui me
scau = roit al = lu = mer.

# XVIIᵉ Air.

Au bord d'u = ne fon = tai =
= ne, Tir = cis bru = lant d'A =
= mour, Con = toit ain = sy sa
pei = ne, Aux E = chos d'a = len =
= tour. Fé = li = ci = té pas =
= sé = e, Qui ne peut re = ve =
= nir, Tour = ment de ma pen =

=sé=e, Fé=li=ci=té pas=
=sé=e, Que n'ai=je en te per=
=dant, Per=du le sou=ve=
=nir.

I.P.

XVIII.e
Air.
Damon  Dequoy vous sert tant de fierté.
Panopée  De con-ser-ver ma li-ber-té.
D. Bel-le et cru-el-le Pa-no-pé-e?
P. Et m'en-pê-cher d'ê-tre trom-pé-e.
D. Il ne faut point a-voir de peur;
P. Il ne fût ja-mais de trompeur,
D. J'aime trop le nœud qui m'en-ga-ge.
P. Qui ne tint ce mê-me lan-ga-ge.
D. Vo-tre beau-té vous ga-ran-tit,
P. Vo-tre jeu-nes-se m'a-ver-tit,
D. Du Sort d'A-ri-a-ne a-bu-sé-e.
P. De l'in-constan-ce de Thé-sé-e.

D. Ah! fiere et cru el = le beau = té,
P. Ce que vous nommés cru = au = = té,
D. Qu'inhumaine est vo = tre ru = des = se!
P. D'autres l'appel = le ront sa = ges = se.
D. Est on sa = ge pour maltrai = ter l'A =
= mour d'un fi = del = le cou = ra = ge.
P. Est on cru = el pour é = vi = ter le pe = ril
de fai = re nau = fra = ge.

I. P.

# XIX.e Air.

Tous les Sou-cis hu-mains sont
pu-re va = ni = té, D'er-reur, de
vain Sça=voir toutte la terre a =
= bon = de; Mais ai=mer constam =
=ment u=ne ra=re beau=té, C'est
la plus douce Er-reur des va-ni-
=tés du Mon = = de.

# XXᵉ. Air.

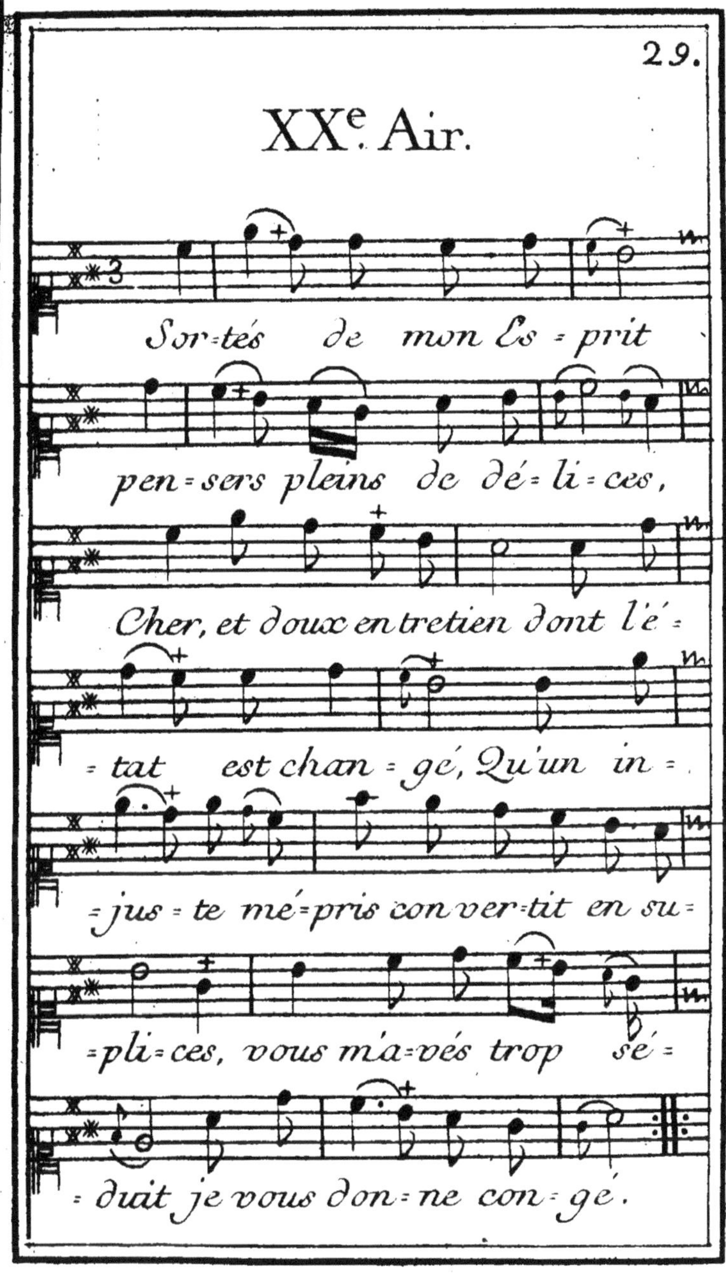

Sor=tés de mon Es = prit
pen = sers pleins de dé = li = ces,
Cher, et doux entretien dont l'é =
= tat est chan = gé, Qu'un in =
= jus = te mé=pris con ver=tit en su=
=pli=ces, vous m'a=vés trop sé =
= duit je vous don = ne con = gé.

# XXIᵉ Air.

Oh! q'heureu=se est ma for=
=tu=ne! Oh! com=bien est grand
mon heur, Dê=tre seul
re=te=nu d'u=ne, Pour si=de=
=le ser=vi=teur, Par sus tout=
=tes El=le est vu=e, Plei=ne de
gra=ce et beau=té, Et suis

scûr quel=le est pourvu=e,
Beau=coup plus de
loyau = = té.

## XXIe. Air.
### Bis.

Oh! q'heu=reu=se est ma for =
tu = =ne! Oh! com = bien est
grand mon heur, D'ê = tre

Seul re-te-nu d'u-ne,
Pour fi-de-le ser-vi-teur,
Par sus tout-tes Él-le est
vu-e, Plei-ne de gra-
-ce et beau--té Et suis
seûr qu'el-le-est pour-vû-e,
Beaucoup plus de loy-au-
--té.

*SECONDE PARTIE.*

# CHANSONS

## COMPOSÉES DANS LE GOUT

## DES ANCIENS POETES.

# TABLE

*Des Auteurs employés dans ce Recueil,*

# CHANSON.

F Aut-il être tant volage,
Ai-je dit au doux Plaiſir ?
Tu nous fuis, las quel dommage !
Dès qu’on a pu te ſaiſir.

Ce Plaiſir tant regretable
Me répond ; rends grace aux Dieux :
S’ils m’avoient fait plus durable,
Ils m’auroient gardé pour eux.

Cette Chanſon eſt de la Comteſſe de Murat. On ſait quels ſuccès ont eu ſes Contes ; les fictions qu’elle employe ne plaiſent pas ſeulement à l’imagination ; le cœur humain y eſt ſi heureuſement développé, qu’en ſupprimant la Féerie, il reſteroit un fonds & des détails très-ſatisfaiſans : témoin le Conte intitulé le Palais de la Vengeance. La Comteſſe de Murat faiſoit auſſi de très-jolis vers. Nous avons recouvré un de ſes Ouvrages non encore imprimé, & l'un des plus aimables qu'elle ait compoſés. Il eſt adreſſé à une jolie Actrice, qui avoit joué habillée en homme : traveſtiſſement que Madame de Murat trouvoit fort indécent & très-deſagréable. On nous fait eſperer quelques autres de ſes Poëſies : voici du moins les vers qu'elle adreſſe à la jeune Comédienne.

## EPITRE A LISETTE.

*Muſe de tous nos jeux, objet de nos hommages,*
*Songez que le dépit ſe mêle à nos ſuffrages,*
*Lorſque vous empruntez des traveſtiſſemens,*
*Trop peu dignes de vous malgré leurs agrémens.*
*D'un naturel heureux l'aſcendant eſt extrême ;*
*Pour nous plaire toujours, ſoyez toujours vous-même.*
*Sous des Myrtes fleuris, dans des Palais charmans,*
*Devenez-vous Princeſſe ou compagne de Flore,*
*Vous cauſez dans les cœurs de doux raviſſemens :*
*Un murmure s'éleve, éclate, augmente encore ;*
*Vous entendez par-tout des applaudiſſemens :*
*Quels triomphes flateurs ! C'eſt un peuple d'amans*
    *Qui couronne ce qu'il adore.*
*Hé bien, croyez-les donc ces cœurs que vous troublez,*
*Sous les vrais ornemens que votre art vous préſente :*
    *Vous n'êtes jamais plus charmante,*
    *Que lorſque vous vous reſſemblez.*

# ROMANCE.

DEs que Robin eut vu partir Toinette,
Il quitta là le foin de fon troupeau ;
Il jetta loin pannetiere & houlette,
Et ne garda rien que fon chalumeau ;
Il lamenta plus fort qu'un Jeremie ;
Il fouhaita mille fois le trépas ;
Et dans fon mal il n'a d'autre foulas,
Que d'entonner fur fa flûte jolie
Trifte chanfon qui finit par hélas !
C'eft grand'pitié d'être loin de fa Mie.

Ces derniers mots fans ceffer il répette,
Tantôt affis fur le bord d'un ruiffeau,
Tantôt couché deffus la tendre herbette,
Tantôt le dos appuyé d'un ormeau :
Onc ne mena Berger fi trifte vie :
Du doux fommeil il ne fait plus de cas ;

Plus qu'un Hermite il fait maigre repas ;
Danses & jeux jà ne lui plaisent mie,
Et dans sa bouche il n'a rien qu'un hélas !
C'est grand'pitié d'être loin de sa Mie.

Il n'est Berger qui son mal ne regrette ;
Et près de lui Bergeres du hameau
Viennent chanter filant leur quenouillette,
Pour consoler ce triste Pastoureau :
Mais leur doux chant point ne le solacie,
Tant la douleur le tient dedans ses lacs :
Pour ne rien voir les yeux tient toujours bas,
Et si leur dit, laissez-moi, je vous prie ;
Puis aussitôt revient à son hélas !
C'est grand'pitié d'être loin de sa Mie.

On nous a donné cette Chanson sous le nom de Petit,
sans ajouter aucun autre éclaircissement. Nous aurions
desiré recouvrer quelques autres pièces de cet Auteur,
nos recherches ont été inutiles ; il ne seroit pas étonnant
que cette Chanson-ci fût unique. Il y a peu de gens
d'esprit qui, dans le cours de leur jeunesse, n'ayent fait
ou par esprit de societé, ou comme le Marquis de la
Fare, par un talent qu'ils ne croyoient pas avoir, quelques Poësies qui la plupart sont restées inconnues.

# CHANSON.

Par ce beau premier de Mai,
Sur la verdure allons gai,
Laiſſez-moi cueillir un bouquet,
Ma tourelourette,
Par amourette,
Laiſſez-moi cueillir un bouquet
Dans votre jardinet.

Cueillez-y roſe & muguet,
Mais cueillez-les en ſecret;
Il eſt clos pour tout indiſcret
A la ſerrure,
Je vous le jure;
Pour vous il ne l'eſt qu'au loquet
Mon gentil jardinet.

Autreau eſt auteur de cette jolie Chanſon; il ſaiſiſſoit très-heureuſement le caractère de naïveté. On

G

peut en juger par ſa Comedie intitulée la Magie de l'Amour, où Mademoiſelle Gauſſin remplit le rôle de Sophilette, avec toute la vérité du perſonnage & ſes graces naturelles.

# CHANSON.

QUi bien connoît le sort des Grands,
Du tout ne leur porte d'envie ;
Leur faut trop de biens différens,
Pour passer un jour de la vie.

✳

J'habite un champêtre séjour,
Et j'ai pris ma Mie au Village ;
Je la vois comme au premier jour
Qu'Amour forma notre ménage.

✳

Le faste a bien un grand attrait ;
Mais attrait qu'emporte l'usage ;
La simplicité qui nous plaît,
Nous plaira toujours davantage.

✳

G ij

L'air & les paroles de cette Chanſon ſont du feu Grand Prieur. Au milieu de cette variété de goûts qui l'entraînoient quelquefois tous enſemble, & qui contribuoient avec ſes diſtractions & les graces de ſon eſprit à le rendre fort aimable, celui de la retraite avoit quelquefois ſon tour. Dans un de ces momens il avoit loué une petite maiſon, eſpèce de cabane, ſur les bords de la Marne; ſon projet étoit l'étude de l'Hiſtoire naturelle, & il avoit commencé par le règne animal. Il s'étoit formé une baſſecour remplie de Quadrupedes & d'Oiſeaux, tous de la plus grande beauté. Il les nourriſſoit de ſa main; & cette baſſecour il l'appelloit ſa Mie: voilà le ſujet de cette Chanſon qui eſt ſimple & jolie.

# CHANSON.

AUtrefois un Temple étoit ;
La fête en est passée ;
Chaque Amant y récitoit
Sa plus douce pensée.

Si ce Temple se rouvroit
Pour ce tant doux mystère ;
Que de fois on entendroit,
J'adore La Vallière !

On nous a envoyé cette Chanson sans nom d'auteur ; nous avons été bien aises de l'employer : nous recherchons avec zèle les ouvrages qui renferment des éloges mérités. Le siècle est inondé d'écrits qui ne tendent qu'à dégrader ; il est juste que les gens qui aiment mieux applaudir que dédaigner, trouvent des occasions de se satisfaire.

Les vers suivans nous ont été adressés avec cette

Chanſon ; nous les employons par les motifs que nous
venons d'expoſer.

> *D'où vient que ce lieu champêtre*
> *Ne nous plaît que foiblement ?*
> *Il eſt vrai qu'il eſt charmant,*
> *Mais Boufflers * y pourroit être.*

*Une troupe d'Amours à ſes ordres ſoumiſe,*
*Dans ce bois l'autre jour ſe plaiſoit à chanter ;*
*Si vous la connoiſſez , voici votre deviſe :*
> *Ou la voir , ou la regreter.*

> *Quand parmi nous quelqu'un dans ſon langage*
> *Fait éclater les graces de l'eſprit ,*
*Même en applaudiſſant en ſecret on ſe dit :*
> *Boufflers en a bien davantage.*

> *Que ſa préſence eſt ſecourable !*
*Un eſſain de plaiſirs inceſſamment la ſuit ;*
*Elle paroît , l'eſprit en devient plus aimable ,*
> *Et le ridicule s'enfuit.*

* Aujourd'hui Ducheſſe de Luxembourg.

# CHANSON.

THemire est belle & trop belle ;
Douce & fière en son maintien ;
Tant d'attraits brillent en elle
Qu'on ne sait dire combien ;
Elle est sensible & cruelle,
Et rien n'attache si bien.

Je lui peins mon cœur fidelle ;
Si tendre & digne du sien ;
Je vous aime aussi, dit-elle,
Et c'est ne promettre rien ;
Elle est sensible & cruelle,
Rien ne tourmente si bien.

Que par magie on reprenne
Un cœur qu'elle fait gémir ;
Tout un siècle on le promene,
Sans rencontrer le plaisir ;
On retourne à l'inhumaine
La voir, l'aimer & souffrir.

C'est grand abus de prétendre
Fuir qui sait trop nous charmer ;
Le cœur ne sait où se prendre,
Langueur le vient consumer ;
Mieux vaut mourir d'amour tendre,
Que de l'ennui de n'aimer.

Le Marquis de Rochemore, auteur de cette Chanson, a aimé la Themire dont il s'agit, jusqu'à mourir de douleur de l'avoir perdue. Les vers que nous allons ajouter, & qu'il fit dans les premiers momens de son désespoir, expriment avec autant de force que de naturel, tout ce qu'une ame tendre & une imagination vive font ressentir. Il reste de lui plusieurs pièces fugitives pleines de Poësie & de gaité. Bien des gens d'esprit avec qui il a vécu, le regretent presqu'autant qu'il a regreté sa Themire.

*Aux autels du tyran des morts,*
*D'une tremblante main je confacre ma Lyre;*
*Je ne chantois que pour Themire,*
*Themire a vû les fombres bords;*
*Tendres concerts, charmant délire,*
*Faites place à d'autres tranfports.*
*Une douleur muette & fombre,*
*Des larmes qui partent du cœur,*
*Ne chercher, ne fentir, ne voir que mon malheur;*
*Voilà le feul tribut que je dois à ton ombre.*
*Soyez les garants de ma foi,*
*Lieux redoutés où repofe fa cendre;*
*Il n'eft plus aujourd'hui d'autre plaifir pour moi,*
*Que les pleurs qu'en fecret je viens ici répandre.*

******************

# ROMANCE.

Viens m'aider, ô Dieu d'amours !
A pourtraire celle,
Celle tant tant belle,
Que tant aimerai toujours.

Elle a bien du gai Printemps
Gente humeur & fin sourire ;
Blanches perles sont ses dents ,
Roses sa bouche respire.

Son maintien est si très-doux,
Son parler semble une Lyre ;
Si son regard luit sur vous,
Votre ame toute il attire.

Son vouloir est votre Roi ;
Voulut-elle votre vie,

Ce vous feroit douce loi
D'accomplir fa fantaifie.

❋

En fa perfonne rien n'a
Qui de l'aimer ne vous prie;
Et fans y penfer, voilà
Qu'elle fe trouve obéie.

❋

Ne lui feriez moins conftant,
En fervant beauté nouvelle;
Car bien que l'œil foit content,
Le cœur dit : ce n'eft pas elle.

❋

Ayant le prix difputé,
Amours ont vu l'avanture,
Venus eut bien la beauté,
Mais ma Mie eut la ceinture.

Viens m'aider, &c.

Dans cette Romance le langage de nos anciens Poëtes
eft très-heureufement employé ; les idées font plus

abondantes que dans la plupart de leurs Chanſons, &
leur naïveté s'y trouve. Il eſt vrai que le dernier cou-
plet de cette Romance-ci ſemble pris dans un endroit de
Clement Marot ; l'Auteur s'en eſt apperçu après coup,
& s'eſt contenté de nous en avertir, ſans y rien changer.
» Il en eſt, nous a-t-il dit, de ces larcins, comme de la
» coquetterie de certaines femmes de bien, qui ſe tran-
» quiliſent ſur ce qu'elles n'ont pas eu mauvaiſe inten-
» tion. « Il nous a propoſé de plus un doute que lui a
fait naître cet endroit :

> *En ſa perſonne rien n'a*
> *Qui de l'aimer ne vous prie.*

Il demande ſi dans ce dernier vers l'expreſſion eſt heureuſe & naïve, ou s'il n'y entre pas ce qu'on appelle du
précieux : choſe bien oppoſée au ſtyle de la Romance.
Nous laiſſons aux lecteurs à réſoudre la queſtion.

# CHANSON.

IL est une Sophie, onc il n'en sera d'autre;
Ravissant d'un souris mon ame aussi la vôtre;
    Eussiez-vous cent ans,
    Fussiez-vous cinq cens,
    Et tout le monde encore;
Quand son regard tant doux verrez,
Son parler divin entendrez,
De bouche & de cœur lui direz:
    Tenez, je vous adore.

# ROMANCE.

Les infortunes inouies de la tant belle, honnête & renommée Comtesse de Saulx.

Senfibles cœurs, je vais vous réciter;
Mais fans pleurer, las ! comment les conter ?
Les déplaisirs, les ennuis & les maux
Qu'a tant soufferts la Comtesse de Saulx.

Si de beauté, de grace & de vertu
Bonheur naiffoit, comme elle en auroit eu !
Elle étoit sœur du vaillant Olivier :
Hélas ! pourquoi ne la mieux marier ?

Non que le Comte entre les hauts Seigneurs,
Puiffant ne fut en Vaffaux & honneurs :

Mais las, hélas ! c'eſt que par trop étoit
Mari méchant, qui tant mal la traitoit.

❊

Dans ſon Châtel, entre quatorze tours ;
Comme en priſon, la tint-il pas toujours ?
Sans Damoiſelles, ſans nuls Cavaliers,
Pages aucuns, & pas plus d'Ecuyers.

❊

Mais pis encore, la pauvrette n'avoit
Serf ni ſervante, & ſon mari ſervoit,
Le pain faiſoit, pâtiſſoit, rotiſſoit,
Faiſoit le lit, & volaille engraiſſoit.

❊

Or ſi l'Epoux lui fit tel traitement,
C'eſt qu'il étoit jaloux étrangement :
Eſt-on jaloux par trop forte amitié,
De ces gens-là faut avoir grand'pitié.

❊

Mais ce mari qui ne l'aimoit de cœur,
Jaloux n'étoit que par fauſſe frayeur :

Croyant, le fol, que si rare beauté
Onc ne pourroit garder fidélité.

❧

Des yeux le jour la couve constamment ;
De nuit à peine il les clot un moment :
De sa moitié que sert d'être gardien,
Sans sa vertu vous ne garderez rien.

❧

En songe un jour il rêva de galant,
A son réveil, las ! il la battit tant…
Pour passetems qu'est-ce donc qu'elle avoit ?
Des animaux ; elle les élevoit.

❧

Un sanglier & deux grands louveteaux
L'alloient suivant, comme petits agneaux ;
Un ours des bois dans leur parc se glissa,
En moins de rien elle l'apprivoisa.

❧

'A sa voix douce ils accouroient soudain,
Et ne prenoient vivres que de sa main :

Plus doux cent fois un chacun d'eux sembloit
Dire à l'Epoux, qu'aimer il la falloit.

Quelquefois l'ours comme on voit s'adoucit;
Mais le jaloux toujours plus s'endurcit.
Las! voici bien un autre désarroi!
Comte de Saulx, te faut servir le Roi.

Il t'a mandé : mon cousin, vous viendrez
Me joindre en guerre, & bien me défendrez.
Ne plus garder sa femme, oh quel malheur!
Il s'y résout, la rage dans le cœur.

Vivres chétifs pour trois ans lui donna;
Dans la grand'tour on vous l'emprisonna.
Or bien qu'époux fussent depuis cinq ans,
Elle n'avoit été grosse d'enfans.

Et dans la nuit, la veille du départ,
Enceinte fut : admirez le hasard.

*I*

Mais il s'en va, sans en être certain.
Comtesse, hélas ! quel sera ton destin !

❀

Deux ans passés, deux ans & seize jours
Elle habita la plus sombre des tours.
Et loin, bien loin qu'elle en eût du courroux,
Le Comte absent, ses jours couloient plus
    doux.

❀

Mais un matin, source de plus grands maux !
On ouvre l'huis, c'est le Comte de Saulx.
Sa moitié voit, tenant sur son giron,
Et caressant le plus gentil poupon.

❀

Morne & tremblant il reste avec effroi ;
Il fut absent, elle a faussé sa foi.
Il va penser qu'en la tour introduit,
Un verd galant l'escaladoit la nuit.

❀

Sa dague alors prénant avec fureur,
A l'innocent l'enfonça dans le cœur :
Puis fur fa femme avec un noir regard,
Il va levant l'enfanglanté poignard.

❧

Femme fans foi, fans vergogne, fans mœurs,
Recours à Dieu, tu vas mourir, tu meurs.
L'infortunée à ces mots n'entendoit,
Serrant l'enfant qui fon ame rendoit.

❧

Bouche fur bouche elle veut recueillir
Le fruit amer de fon dernier foupir.
Quel tigre alors n'eût daigné s'attendrit !
Et le cruel fa moitié va meurtrir.

❧

Vers fon beau fein déja le fer mortel…
Mais quel grand bruit à l'entour du Châtel !
Ah ! Dieu, vrai Dieu ! c'eft le brave Olivier
Qui l'efcalade avec maint Cavalier.

❧

L'époux se calme ou se trouble autrement.
Madame, allons au bel appartement.
Les y voilà : çà mettez sans retard
Juppe de soie & le corps de brocard.

Car Olivier vient occir par courroux
Cil qu'en l'Eglise avez fait votre époux.
Vos Cavaliers s'il demande où sont-ils ?
Au loup chassant avec chiens & fusils.

S'il vous demande où sont vos Aumôniers ?
Allant à Rome avec mes Ecuyers.
S'il vous demande où Damoiselles sont ?
Pélerinage à Saint Claude elles font.

Si Chambrieres ? lors répondrez ; bon ;
Au clair ruisseau blanchissent le linon.
S'il vous demande où est le petit né ?
Dieu l'a repris comme il l'avoit donné.

Bref, s'il difoit, votre époux je ne voi ?
Mandé par lettre il eft au camp du Roi.
Mais à la porte Olivier mene bruit,
Et jà le Comte eft caché fous le lit.

❧

Où eft ma fœur ? que l'emmene d'icí.
Mon frere, hélas ! me méconnoît ainfi !
Ma fœur, ma fœur, eft-ce bien vous ? hélas !
Pâleur avez comme au jour du trépas.

❧

Tout haut répond : j'ai failli de mourir :
Et puis tout bas : las ! j'ai bien à fouffrir !
Ma fœur, ma fœur, je ne vois d'Aumôniers,
De Clercs aucuns, auffi peu d'Ecuyers ?

❧

Tout haut : pour Rome un chacun eft parti :
Tout bas : mon frere, hélas ! j'ai bien pâti !
Ma fœur, ma fœur, n'avez Pages aucun,
Point de Héraults, de Cavaliers pas un ?

❧

Elle tout haut : ils font chaffant au bois ?
Et puis tout bas : par jour me meurs cent fois.
Ma sœur, ma sœur, où donc eft votre époux ?
Qu'il ne me vient recueillir quant & vous ?

❦

Tout haut : il eft allé le Roi fervir.
Et puis tout bas pouffe un profond foupir.
Ma sœur, ma sœur, cher objet d'amitié,
Quoi ! de vos maux me cachez la moitié ?

❦

Il eft céans, ce tant barbare époux,
Qui méconnoît fon vrai tréfor en vous.
Lors l'apperçoit, & du lit l'arrachant,
Tire fur lui fon coutelas tranchant.

❦

Elle l'arrête, embraffant fes genoux :
Mon frere, hélas ! c'eft toujours mon époux.
Rancune n'ai de tant de maux que j'eus ;
Pardonnez-lui, il ne me tuera plus.

❦

Non, tout cruel éprouve un cruel fort;

Et qui vous hait a mérité la mort.

Lors il le frappe, & fa fœur lui montrant;

Regrete-la, dit-il, en expirant.

Le Comte expire, & ce cœur fans pitié

Meurt honoré des pleurs de fa moitié.

Epoux, époux, n'oubliez fon deftin:

Onc un jaloux ne fit heureufe fin.

Il refte quelques fragmens d'une ancienne Romance de la Comteffe de Saulx : les voici.

### LE COMTE DE SAULX.

Allez, Madame, allez-vous-en prier ;
Car voici l'heure où bientôt faut mourir.

### LA COMTESSE.

Comte de Saulx, favez-vous qui j'ai vu
Là-haut là-bas dans ces verds prés touffus ;
J'ai vu une bande de Cavaliers,
Et parfus tout mon bon frere Olivier.

### LE COMTE.

Allez, Madame, allez-vous-en parer ;
Robe de foie & robe d'or mettez.

S'il vous demande où font vos Chambrieres ;
Vous lui direz, elles font à la riviere.
S'il vous demande où font vos Damoiselles,
Vous lui direz qu'elles font aux Tournelles.
S'il vous demande où est votre mari,
Vous lui direz, il est au Roi servir.
Et moi je vais me cacher fous le lit.

### OLIVIER.

Dis-moi, fervante, où est donc ta Maîtresse ?

### LA COMTESSE.

Faut que mon frere ainfi me méconnoiffe !

### OLIVIER.

Dis-moi, ma fœur, où donc est ton mari ?
Tout haut : mon frere, il est au Roi servir.
Tout bas lui dit : j'ai un méchant mari.
Ma fœur, dis-moi, où est ton petit né ?
Tout haut répond : il est à promené.
Tout bas lui dit, mon mari l'a tué.
Ma fœur, ma fœur, où donc est ton mari ?
Tout bas répond : il est deffous le lit.
Dis-moi, ma fœur, en voudrois-tu la tête ?
Nenni, mon frere, elle m'est trop funefte.
Lors Olivier de fon glaive l'occit.

### LA COMTESSE.

Dieu foit loué, jà n'ai plus de mari.

Dans l'ufage qu'on a fait de ces fragmens, la Comteffe de Saulx eft plus intéreffante ; mais il eft vrai que
ces mêmes fragmens ont fourni ce qui caractérife le
mieux la vraie Romance. Et nous le difons fans crainte
de défobliger le nouvel Auteur, c'eft de lui que nous
tenons cette remarque avec les fragmens rapportés.

K

# CHANSON.

A Quinze ans, quinze ans achevés,
N'auriez d'amour la fantaifie ?
Que je vous plains, cœurs réprouvés !
Guériffez-vous, bien le pouvez ;
Il ne faudra que voir ma Mie.

Vous direz : beaux yeux, me voilà ;
Aimer je veux d'amour extrême ;
Son doux regard fur vous luira,
Et votre cœur tôt s'écrira :
Ah ! grand merci, voilà que j'aime.

# CHANSON.

Comme tout loyal Amant ne
fait qu'être complaifant
au vouloir de fa Mie.

Elle m'aima, cette belle Afpafie ;
Et bien en moi trouva tendre retour ;
Elle m'aima, ce fut fa fantaifie,
Mais celle-là ne lui dura qu'un jour.

Le jour d'après, cette belle Afpafie
Entend Mirtil chanter l'hymne d'Amour ;
Elle l'aima, ce fut fa fantaifie,
Et celle-là ne lui dura qu'un jour.

Toujours aimant, cette belle Afpafie
A pris, quitté nos Bergers tour à tour :

*K ij*

Ils font fâchés, moi je la remercie;
Las! elle fait paſſer un ſi beau jour.

✻

Pour ramener une belle Aſpaſie,
C'eſt grand abus de montrer du courroux;
Si reclamez ſa douce fantaiſie,
Elle dira: que ne l'inſpirez-vous.

✻

J'ai vû depuis cette belle Aſpaſie,
La couronnant de roſes je lui dis:
Quand reviendra la douce fantaiſie?
Car ce jour-là c'eſt le ſeul où je vis.

✻

Lors j'apperçus cette belle Aſpaſie,
Qu'un doux ſouris coloroit ſes attraits;
Elle reprit ſa douce fantaiſie,
Et me donna même le jour d'après.

✻

Amans quittés d'une belle Aſpaſie,
Ayez près d'elle un modeſte maintien;

Ne prétendez gêner fa fantaifie :
Qui plaît eft roi , qui ne plaît plus n'eft rien.

On peut dire que cette Chanfon eft pleine de morale.
La mauvaife humeur des Amans quittés , leur indifcré-
tion par efprit de vengeance , le plaifir honteux d'ou-
trager ce qu'ils aiment encore ; tous ces torts y font
combattus avec d'autant plus de fageffe , qu'on en fait
voir l'inutilité. On ne fauroit trop redire cette belle
maxime aux jeunes gens deftinés à faire de l'éclat dans
le monde : Qui plaît eft roi , qui ne plaît plus n'eft rien.

# ROMANCE.

### Les constantes amours d'Alix & d'Alexis.

Pourquoi rompre leur mariage,
Méchans parens ?
Ils auroient fait si bon ménage
A tous momens.
Que sert d'avoir bague & dentelle
Pour se parer ?
Ah ! la richesse la plus belle
Est de s'aimer.

❧

Quand on a commencé la vie,
Disant ainsi :
Oui, vous serez toujours ma mie ;
Vous, mon ami.
Quand l'âge augmente encor l'envie

De s'entre-unir,
Qu'avec un autre on vous marie;
Mieux vaut mourir.

※

A sa mere, étant déjà grande,
La pauvre Alix,
A deux genoux un jour demande
Son Alexis.
Maman, il faut par complaifance
Nous marier.
Ma fille, je veux l'alliance
D'un Confeiller.

※

La fille, à cette barbarie,
Bien fort pleura;
Au couvent de Sainte Marie
On l'enferma.
Là pendant trois ans éperdue
Elle a gémi,
Sans avoir un inftant la vue
De fon ami.

Un jour… quelle malice d'ame !
La mere a dit :
Alexis a pris une femme
Sans contredit.
Et puis lui montrant une lettre
Lui dit, voyez ;
Il vous écrit, c'eſt pour permettre
Que l'oubliez.

Alors Conſeiller & Notaire
Arrivent tous ;
Le Curé fait ſon miniſtère,
Ils ſont époux.
Pour elle, hélas ! feſtin & danſe
Ne ſont qu'ennui ;
Toujours lui vient en ſouvenance
Son favori.

Le ſoir, plus grande fâcherie
Saiſit ſon cœur,
Sa mere la tanſe & la crie

Toute en fureur.
Tout comme une brebis qu'on mene
Droit au bucher,
La pauvrette en pleurant se traîne
Pour se coucher.

❀

Vrai Dieu! qu'Alix, honnête & sage,
Se conduit bien!
Tous autres soins que du ménage
Lui sont de rien.
Voyant de son époux la flamme
Qu'il lui portoit,
Elle lui donnoit de son ame
Ce qui restoit.

❀

Hélas! son ame toute entiere
A ses soucis,
Gardoit son amitié premiere
Pour Alexis.
Cinq ans en dépit d'elle-même
Passa les jours,

L

A ſe reprocher qu'elle l'aime ;
    L'aimant toujours.

✻

Pour chaſſer de ſa ſouvenance
    L'ami ſecret,
On ſe donne tant de ſouffrance
    Pour peu d'effet :
Une ſi douce fantaiſie
    Toujours revient ;
En ſongeant qu'il faut qu'on l'oublie ;
    On s'en ſouvient.

✻

Alix, dans ſa mélancolie,
    Un jour l'époux
Lui mene un Marchand d'Armenie
    Pour des bijoux ;
Ma moitié, faites quelque emplette
    De ſon écrin :
Perles & nœuds ſont la recette
    Pour le chagrin.

✻

Baise-moi, moutonne chérie ;
   Je vais au plaid ;
Tiens, prens de cette orfévrerie
   Ce qui te plaît :
L'argent n'est que pour qu'on se donne
   Quelque bon temps ;
N'épargne rien ; voilà, mignonne,
   Vingt écus blancs.

Il part. Le Marchand en silence
   L'écrin montroit,
Qu'Alix avec indifférence
   Consideroit ;
Chaque fois qu'il offre à la Dame
   Perle ou Saphir,
Chaque fois du fond de son ame
   Sort un soupir.

En lui toutes fleurs de jeunesse
   apparoissoient ;
Mais longue barbe, air de tristesse

Les terniſſoient.
Si de jeuneſſe on doit attendre
    Beau coloris,
Pâleur qui marque une ame tendre
    A bien ſon prix.

❧

Mais Alix ſoucieuſe & ſombre
    Rien ne voyoit;
Pourtant aux longs ſoupirs ſans nombre
    Qu'il répétoit :
D'où lui vient, dit-elle en ſoi-même,
    Tant de chagrins?
Ah ! s'il regrete ce qu'il aime,
    Que je le plains !

❧

Las ! qu'avez-vous qui vous ſoucie,
    Comme je voi?
Si c'eſt d'aimer, je vous en prie,
    Dites-le-moi.
Eh ! que ſert de conter, Madame,
    Un déplaiſir,

Qui jamais, jamais de mon ame
 Ne peut fortir.

❄

Il n'eft qu'un tréfor dans le monde ;
 Je le connois ,
Long-temps en efpoir je me fonde
 Que je l'aurois ;
Et plus mon amitié ravie
 Crut l'obtenir ,
Tant plus j'aurois donné ma vie
 Pour le tenir.

❄

Le voir cent fois dans la journée
 Me plaifoit tant ,
Je l'emportois dans ma penfée
 En le quittant ;
Lorfqu'un lutin, par grand'rancune ,
 Vint l'enlever ,
Puis d'un autre en fit la fortune ,
 Pour m'en priver.

❄

Dirai-je ma douleur profonde,
   Quand je l'appris ?
Pour m'en aller au bout du monde
   Me départis ;
Non qu'un inftant en moi je penfe
   De l'oublier , .
Mais pour mourir de ma conftance
   A le pleurer.

❦

Marchand , eft-ce or en broderie
   Que ce tréfor ?
Madame , hélas ! ce que j'envie
   Surpaffe l'or.
Sont-ce rubis ? J'aurois fans peine
   Rubis perdus.
C'eft donc le trouffeau de la Reine ?
   Ah ! c'eft bien plus.

❦

Depuis qu'on vint , par grand dommage ,
   Me le ravir ,
J'en ai tiré la chere image ,

De souvenir ;
J'ai, la voyant, l'ame remplie
De défespoir,
Et ne garde pourtant la vie
Que pour la voir.

❁

Ne tardez pas, j'en meurs d'envie ;
Arménien,
Que cette image tant chérie
Je voye enfin.
Lors, avec un foupir qu'il jette,
Plus loin encor,
De fon fein tire une tablette
Dans du drap d'or.

❁

Alix foudain prit la dorure,
La déplia ;
Sur la tablette, en écriture,
Ces mots trouva :
ICI JE CONTEMPLE A TOUTE HEURE
DANS LES SOUPIRS ;

JE GARDE TOUT CE QUI DEMEURE
DE MES PLAISIRS.

❧

Alors Alix la tablette ouvre
  Tant vîtement :
Eh ! qu'eſt-ce donc qu'elle y découvre
  Pour ſon tourment ?
La voilà toute évanouie
  A cet objet !
Qui n'eût même tranſe ſentie ?
  C'eſt ſon portrait.

❧

Alix, mon Alix tant aimée,
  Hélas ! c'eſt moi !
Alix, Alix tant regretée,
  Ranime-toi ;
Ton Alexis vient de Turquie,
  Tout à l'inſtant,
Pour te voir, & quitter la vie
  En te quittant.

❧

Par ces tristes mots ranimée,
    Alix parla.
Alexis, j'ai ma foi donnée,
    Un autre l'a ;
Je ne dois vous ouir de ma vie
    Un seul instant :
Mais ne mourez pas, je vous prie,
    Partez pourtant.

❦

Voulant, pour complaire à sa mie,
    Partir soudain,
Avant que pour jamais la fuie,
    Lui prend la main.
L'époux survient ; à cette vue,
    Tout en fureur,
Leur a d'une dague pointue
    Percé le cœur.

❦

Alexis meurt. Alix mourante,
    Les yeux baissés,
Dit : je péris, mais innocente,

M

Ce m'eſt aſſez.

Mon époux, votre jalouſie
Verſe mon ſang :
Sans regret je quitte la vie,
En vous plaignant.

❧

Depuis cet acte de ſa rage,
Tout effrayé,
Dès qu'il eſt nuit, il voit l'image
De ſa moitié,
Qui du doigt montrant la bleſſure
De ſon beau ſein,
Appelle avec un long murmure
Son aſſaſſin.

❧

Après ſi triſte tragédie,
Tout ſage époux,
Ne peut de ſa moitié chérie
Etre jaloux.
S'il trouve un Marchand d'Armenie
Prenant ſa main,

Il dit ; c'eſt qu'on le congedie ;
J'en ſuis certain.

Depuis que cette Romance a paru, on a donné ce titre à toutes les Chanſons amoureuſes qui ont une ſuite de couplets. La Romance cependant a un caractère qui la diſtingue : indépendamment de l'avanture qui en fait le ſujet, il faut qu'il y ait une action intéreſſante, & que le ſtyle en ſoit naïf. C'eſt ce qu'ont négligé pluſieurs bons Auteurs ; ils ont écrit leurs Chanſons en ſtyle d'Ode, & c'eſt ôter à la Romance ſon mérite principal. Celle-ci, malgré toute la fortune qu'elle a faite, a un très-grand défaut dans l'action. L'Auteur en eſt convenu avec nous, & nous a dit que c'eſt Madame la Princeſſe de C … qui la première l'en a fait appercevoir. Le caractère jaloux du mari n'eſt annoncé que par le coup de poignard qui tue ſa femme ; il auroit fallu préparer dans le cours de l'action cette cataſtrophe. Mais cette Romance, à ce que nous a dit auſſi l'Auteur, fut faite uniquement dans la vue d'amuſer Madame la Ducheſſe de Villars & Madame la Princeſſe d'Armagnac. Il leur chantoit les couplets à meſure qu'ils étoient achevés, elles en paroiſſoient très-contentes ; & un Auteur en ce cas eſt aiſément gagné par l'exemple.

---

# CHANSON.

## *LA ROSE,*

### *TRADUCTION D'ANACREON.*

Rose est des Dieux la fleur choisie,
L'ornement du jardin d'Amour,
Des Nimphes l'innocent atour ;
Des mortels Rose est l'ambroisie ;
En parfum, en grace, en couleurs,
Rose est bien la reine des fleurs.

Charme de tout ce qui respire,
Qui la Rose ne chériroit ?
Si tristesse la rencontroit,
On verroit tristesse sourire.
En parfum, &c.

C'eſt un ciel de Roſes écloſes
Qu'offre l'Aurore en ſa clarté ;
Des trois Graces la nudité
S'embellit d'un rézeau de Roſes.
En parfum, &c.

Nimphes, la douce deſtinée !
Les chanſons, les fleurs, le printems ;
Voilà vos plus chers paſſe-tems.
Sachez comment la Roſe eſt née ;
De choſe ſi plaiſante à voir,
L'origine eſt belle à ſavoir.

Par un beau jour la mer fit naître
Venus, Venus objet ſi beau,
Puis Jupiter en ſon cerveau
Forma Pallas qu'on vit paroître.
Que fit Venus ? Troie enflamma.
Que fit Pallas ? terreur ſema.

Dès à l'inftant qu'œuvre pareille
Aux yeux de Nature éclata,
Nature en fon fein projetta
Enfanter plus douce merveille,
Fit la Rofe amour des Zéphirs,
Et qui n'eft que paix & plaifirs.

*Strophe ajoutée, en préfentant cette*
*Ode à la Reine.*

Mais ce qui Rofe déifie,
Elle pare un Temple écarté,
Où les arts, l'efprit, la gaité
Régnent fous le nom de SOPHIE;
Et depuis cet excès d'honneurs,
Rofe eft mieux que reine des fleurs.

N'en déplaife au Poëte grec, on ne conçoit pas trop
quelle analogie il a conçue entre Pallas qu'il fait naître
toute armée, & la Rofe. La naiffance de Venus n'eût-
elle pas été fuffifante, pour infpirer à la Nature la for-
mation d'une fleur, qui eft en quelque forte la Venus
de fon efpèce ?

# TABLE

*Des Chanſons & Romances contenues dans la ſeconde Partie.*

# SECONDE PARTIE,
## Premier Air.

II.P.

2.
IIe. Air.
Des que Robin eut vu partir Toinette, Il quitta la le soin de son troupeau. Il jetta loin panetiere et houlette,
Et ne garda rien que son chalumeau.
Il lamenta plus fort qu'un Jéremie, Il souhai-
ta mille fois le trépas, Et dans son
mal, Il n'a d'autres soulas Que d'entonner sur sa flute jo-li-e, Triste chan-

= son qui finit par hélas! C'est grand pi =
= tié d'estre loin de sa mi = = e.
Petit.
IIIe.
Air.
Par ce beau pre = mier de
may, Sur la verdure al = lons
gay, Laissez moi cueillir un bou =
quet, Ma tourelourette, Par amou ret =
= te, Laissez moi cueillir un bouquet
Dans votre jardi = = net.
Autreau.

II. P.

# IV.<sup>e</sup> Air.

# V.<sup>e</sup> Air.

VI.e Air.
Thémire est belle et trop
belle, Douce et fie = re en
son maintien, Tant d'at =
= traits lui = sent en elle Qu'on
ne sçait di = = re com bien,
Elle est sensi = ble et cru =
= el=le, Et rien n'atta = = che si
bien . bien .
Le M.is de Rochemore.

VII.e
Air.
Viens m'aider, Ô Dieu d'A=
=mours, A pour=trai=re celle,
Cel=le tant tant belle, Que
tant aimerai tou=jours.
Elle a bien du gai printems,
Gente hu=meur et fin sou=ri=re,
Blanches perles sont ses dents,
Roses sa bou=che res=pi==re. Viens
Moncrif.

8.
VII.e Air Bis.
Romance.
Viens m'ai=der, Ô Dieu d'A=
=mours, A pourtrai=re celle, Cel=
le tant tant bel le; Que tant
=ai=me rai toujours. Elle
a bien du gai printems,
Gente humeur et fin sou=
=rire, Blanches per=les

sont ses dents Ro =
= ses sa bouche res = pi = re
Viens m'aider, Ô Dieu d'A =
= mours, A pourtrai re celle, Cel =
= le tant tant bel = le, Que tant
= ai merai toujours.
Moncrif.

# VIII.^e Air.

## Chanson.

ver = rez, Son parler di = vin
en = ten = diez, De bou = che et
de cœur lui di = rez, Tenez, je
vous a do = = re, Tenez, je vous a =
do = re .
Moncrif.

# IX.ᵉ Air.

## Romance.

# Xᵉ Air.

Moncrif.

# XI.e Air.

Moncrif.

# XII.e Air.

## Romance.

16.
La Rose.
XIII.e Air.
Rose est des Dieux la fleur
choi-si-e, L'orne-ment du jar-
-din d'A-mour, Des Nim-phes
l'innocent a-tour, Des Mortels
Rose est l'ambroi-si e, En parfum
en grace, en couleurs, Rose est bien
la Reine des fleurs.
Moncrif.
Grave par De Gland
Ayde Major des Gardes de la Ville.